AF452884

LA MASCARADE

DU

PARNASSE,

COMEDIE.

En un acte & en vers.

Précédée d'un Prologue, & suivie d'un Divertissement.

Par Monsieur PESSELIER.

A PARIS,

Chez PRAULT pere, Quai de Gêvres, au Paradis.

___

M DCC XXXVII.
Avec Approbation & Privilege du Roy.

PREFACE.

LES Préfaces (je dis même les meilleures & les plus utiles) sont si fort décréditées dans le monde , que je me donnerois bien de garde d'en mettre une à la tête d'une petite Comédie, si je n'avois à combattre un préjugé , beaucoup plus à redouter pour moi, que les ennemis des Préfaces. Le public se prévient aisément contre les piéces dramatiques qui n'ont point eu l'avantage, ou , si l'on veut, l'éclat de la représentation. Il est en droit de prononcer sur les piéces de Théatre dans le concours des Spectacles , & dans l'intérieur du Cabinet; mais il trouve mauvais qu'on aille le trouver directement à ce dernier Tribunal ; c'est lui dérober le plaisir d'être deux fois Juge, & l'on ne tente point impunément de diminuer son Autorité.

Comme dans les Jurisdictions ordinaires on ne peut omettre les degrés , sans s'exposer au reproche d'*omisso medio*, je dirois volontiers qu'il en est de même dans l'espéce dramatique, & qu'on ne sauroit faire imprimer *omisso theatro*, s'il m'est permis de parler ainsi , sans s'ex-

poſer au repentir d'une fauſſe démarche. Oſe-
rois-je cependant , en réclamant l'équité du
public , contre une prévention ſi commune,
lui remontrer que cette opinion eſt un peu
trop générale ; pluſieurs Piéces ont été applau-
dies dans un grand nombre de repréſentations,
qui ont néanmoins échoué à la lecture. Pourquoi n'y en auroit-t-il pas , qui , ſans être re-
préſentées , puſſent ſe faire lire avec plaiſir ?

Je ſuis bien éloigné d'aſſurer que la mienne
ſoit de ce nombre, quoiqu'elle ait eu le bonheur de plaire à des perſonnes éclairées, &
qu'elle ait même mérité les ſuffrages des Acteurs auſquels je l'avois deſtinée. Un d'entre
eux , d'un mérite & d'un talent généralement
eſtimé , dans pluſieurs lettres qu'il a eu occa-
ſion de m'écrire au ſujet de mon ouvrage , en
parle en termes également avantageux pour
la piéce & pour l'auteur. *Il y a trouvé , dit-il,
beaucoup d'eſprit , une verſification légére & des
plus aiſées ; un ſujet ingénieuſement imaginé ;
des vers marqués au bon coin ,* &c. Il ne faut
pas que ces éloges , ici tranſcrits , me rendent
ſuſpect d'une vanité ridicule ; je me trouve
obligé dans les circonſtances où je ſuis, de
faire voir , que , ſans les raiſons particuliéres
qui ont empêché ma piéce de paroître ſur la

PREFACE.

ſcéne, elle y eût été reçuë avec plaiſir par ceux qui devoient la repréſenter, & qui l'auroient ſans doute renduë avec cette fineſſe & cette préciſion qu'on eſt en droit d'attendre d'eux. D'ailleurs je croi que l'on gagne toujours beaucoup à paroître en public, muni de l'approbation des écrivains, qui ont merité la ſienne. Celle de l'auteur de *La Fille arbitre* eſt bien digne de conſidération. Au ſurplus le public me permettra de le renvoyer au Prologue pour ma plus grande juſtification. Ce Juge eſt redoutable, mais il eſt intégre, éclairé; ma piéce eſt entre ſes mains; je me tais.

ACTEURS DU PROLOGUE.

CLEANTE, ami de Damis.

DAMIS, auteur de la piéce.

LE MARQUIS.

LA BARONNE.

La scéne est dans le cabinet de Cléante.

PROLOGUE.

SCENE PREMIERE.

CLEANTE *appuyé sur une table dans l'attitude d'un homme qui achéve de lire avec attention un Manuscrit qu'il tient à la main.*

DAMIS, en vérité, craint trop de se pro-
    duire ;
J'ai relû quatre fois sa Piéce avec plaisir ;
Au Théatre il faudra malgré lui l'introduire:
Mais auquel ? On pourroit choisir ;
Et néanmoins à bien saisir
Le sujet, le goût, l'occurrence,
La Scéne Italienne aura la préférence.
Voilà le théatre choisi.
A qui présentement dois-je envoyer la piéce ?

Ma foi , Monfieur Romagnefi ,
Je vais la mettre à votre adreffe ;
Vous rimez ; vous étes Acteur ;
Puifqu'à ce double titre elle vous intéreffe ,
Soyez deux fois fon protecteur.
(il en fait un paquet qu'il cachete.)
Joignons au manufcrit un compliment flatteur.
(il écrit un mot de lettre.)
Holà quelqu'un ! Prenez ce paquet & ma lettre ,
Vîte ; & qu'à leur adreffe on aille les remettre.
(le domeftique fort.)
Damis, encore un coup, eft timide à l'excès,
Par trop de modeftie il fe perdroit peut-être ;
De fa piéce au furplus il m'a laiffé le maîrre.
A fes premiers Ecrits , comme à d'heureux Effais,
C'eft donc à moi d'ouvrir un favorable accès ;
Plus le Talent héfite à fe faire connoître ,
Plus l'on doit prendre foin d'en hâter le fuccès.
(Damis entre.)
Mais c'eft lui que je voi paroître.
Allons ; avec honneur foutenons le procès.

SCENE II.

CLEANTE, DAMIS.

CLEANTE *en l'embraffant.*

JE vous croyois, mon cher, encore à la campagne.

DAMIS.

J'en arrive, & m'étant trouvé dans vos quartiers,
Je viens vous demander à fouper.

CLEANTE.

Volontiers.
Je vous donnerai même une aimable compagne,
La baronne d'Orlac.

DAMIS.

Je la connois vraiment.

CLEANTE.

Comme à la Comédie elle eft en ce moment,
Nous aurons quelque temps la peine de l'attendre ;

DAMIS.

Il fuffit que j'ai l'agrément
De vous voir & de vous entendre :
En votre compagnie on attend aifément.

CLEANTE.

Vous étes trop poli ; mais tréve au compliment,

La conversation en seroit affadie.

DAMIS.

Cet accident arrive affez communément;
Il est bon qu'on y remédie.
Puis-je vous demander à quelle Comédie
La Baronne est préfentement ?

CLEANTE.

Aux François.

DAMIS.

Et la piéce ?

CLEANTE.

Elle est fort applaudie.
Et le mérite affûrément.

DAMIS.

Comique ?

CLEANTE.

Par le titre & non réellement.

DAMIS.

Vous m'étonnez !

CLEANTE.

Le but de l'Auteur est d'inftruire.

DAMIS.

Mais, de façon, probablement
Que fes leçons pour nous foient un amufement ?

CLEANTE.

Point du tout : à nous faire rire

Il ne travaille nullement.

DAMIS.

Veut-il donc arracher des larmes ?

CLEANTE.

                        Juſtement.

Preſque tout ſon Ouvrage eſt pour le ſentiment.

Il a, non ſans armer contre lui la Critique,

      Au Badinage, à l'Enjouëment,

      Subſtitué le Pathétique.

DAMIS.

Convenez avec moi, que dans un tel Ecrit,

Où THALIE aux mortels fait répandre des larmes,

Elle perd tout le ſel, les graces & les charmes

De cet Art qu'autrefois Moliére nous apprit.

CLEANTE.

On donne dans ce goût.

DAMIS.

             La raiſon le proſcrit.

      Frappé de cette maladie,

Et ſans avoir, au fond, perſonne pour objet,

J'ai fait en badinant, ſur ce même ſujet,

      Cette petite Comédie

Que je vous ai remiſe.

CLEANTE.

          Elle me plaît beaucoup.

DAMIS.

En ce cas, son bonheur a paſſé mon attente.

CLEANTE.

Sa fortune doit être encor plus éclatante,
Et lorſqu'on la jouëra ...

DAMIS.

Ce ſeroit un grand coup !
Je ne croi pas que je le tente.

CLEANTE.

Il n'eſt plus temps, mon cher : ſur tout point de courroux ;
Votre Piéce, en un mot, Damis, n'eſt plus à vous.

DAMIS.

O ciel! Qu'avez-vous fait ?

CLEANTE.

Ce que vous deviez faire.
Vous m'en aviez laiſſé le maître ?

DAMIS.

Aſſûrément.

CLEANTE.

Hé bien, ami, je prens ſur moi l'événement.

DAMIS.

Ah! Cléante, en pareille affaire
On n'agit point par procureur ;
Et ce n'eſt que pour moi qu'eſt faite la terreur.

Dans l'audïence folemnelle
Où l'on juge un Auteur, quel que foit fon appui,
La honte du revers lui devient perfonnelle
   Comme la gloire eft toute à lui,
S'il donne aux Spectateurs du plaifir fans ennui.
Ma Mufe du grand jour évitoit les approches;
Et vous l'y condamnèz! En cas d'adverfité,
   De tout un Public irrité
Soutiendrez-vous,pour moi, les trop juftes reproches;

CLEANTE.

Connoiffez le Public; il a plus d'équité.
   Exige-t-il qu'on fe contraigne
A garder,pour lui plaire, un filence affecté?
Que toujours languiffant dans fon obfcurité
   Un Auteur fe reftraigne
A n'écouter jamais que la timidité?
Non, ce grand Juge, ami, ne veut point qu'on le
  craigne;
   Il ne veut qu'être refpecté.
Votre Ouvrage, au furplus, vous met en fûreté.

DAMIS.

   Vous lui donnez votre fuffrage:
Mais qui fait (car le zéle eft un grand féducteur)
   Si votre amitié pour l'Auteur
Ne vous a point caché les défauts de l'Ouvrage?

CLEANTE.

Non, Damis, je ne suis aveugle ni flatteur ;
Votre piéce m'a paru bonne,
J'en trouve le sujet, juste, neuf & brillant.
Si tout n'est pas d'ailleurs également saillant,
A l'âge de l'Auteur il faut qu'on le pardonne :
Votre Ouvrage, en ce point, mérite des égards :
Cinq lustres non complets, sur celui qui le donne
Doivent de l'Indulgence attirer les regards.
Que d'Ecrits plus heureux, celui-ci fera naître,
Si, comme je l'espére, il a quelque succès !
Ce n'est que par nombre d'essais,
Que l'on parvient aux coups de maître.
D'ailleurs, rien au grand jour, ne vous force à paroître,
Vous pouvez pour un temps demeurer inconnu.

DAMIS.

Mon Ouvrage le pourroit être,
Si jusques à vous seul il étoit parvenu :
Mais, avant que d'ici je fusse à la campagne,
Le Marquis, par hazard l'a trouvé, c'est assez ;
Je croi que vous le connoissez,
Son indiscrétion en tout lieu l'accompagne.
Jugez si le secret est en mauvaise main.
Qu'aujourd'hui, lui present, d'une voix unanime,
Nous disions que je veux demeurer anonyme,
Je gage que par tout on le saura demain.

CLEANTE.

Peut-être par condefcendance...

DAMIS.

Le caquet fut toujours fa belle paffion.

CLEANTE.

Il paroît. Croyez-moi, par une confidence,
Effayons d'enchaîner fon indifcrétion.

SCENE III.

CLEANTE, LE MARQUIS, DAMIS.

LE MARQUIS *après s'être jetté dans un fauteuil.*

AH! Cléante, permets qu'ici je me délaffe.
　　Admire quelle eft ma difgrace!
Le Chevalier m'entraîne aux François avec lui
Pour m'y faire effuyer le plus mortel ennui...

CLEANTE.

A ma table, ce foir, il faudra qu'il fe paffe.

LE MARQUIS.

Tôpe. J'aime un repas offert de bonne grace.
Chez toi je me retiens à fouper aujourd'hui.

DAMIS.

Il eft bon en effet qu'on retienne fa place.

LE MARQUIS *vivement.*

Hé! C'eſt toi, cher Damis, viens donc que je t'embraſſe.
Encor : je ne ſuis pas ſi malheureux, ma foi,
Puiſqu'en ces lieux je te revoi.
Çà, notre Officier du Parnaſſe,
Charmé de vos talens il faut que je vous faſſe
Le miniſtre de mon courroux
Contre l'Auteur qui vient de nous ennuyer tous.

DAMIS.

La piéce néanmoins eſt, dit-on, applaudie.

LE MARQUIS.

Notre ami, que nous dites-vous?
Ah! Morbleu, quelle Comédie!
Il faut à chaque inſtant larmoyer. Entre nous,
N'eſt-ce pas nous donner un paſſetemps bien doux?

CLEANTE.

Votre eſprit enjoué n'y trouve pas ſon compte.

LE MARQUIS.

J'étois à côté du vieux Comte;
Il y pleuroit comme un enfant,
Tandis, qu'avec plus de nobleſſe,
Sans verſer une larme, & d'un air triomphant,
Je badinois de ſa foibleſſe.

CLEANTE.

Quand nous ſommes émus par un tendre diſcours,
Dont les vives couleurs, nous frappent, nous attachent,
Aux

Aux larmes qu'elles nous arrachent
Nous pouvons sans rougir laisser un libre cours.
Mais parlons un peu d'autre chose ;
Pour garder un secret peut-on compter sur toi ?

LE MARQUIS.

Belle demande ! par ma foi.

DAMIS.

Répondez-nous toujours franchement, & pour cause.

LE MARQUIS.

Mais, mais. . . . Vous vous moquez, je croi.
Quand je le veux, je suis indéchiffrable moi.

CLEANTE.

Il s'agit d'un mistere.

LE MARQUIS.

Hé bien, je suis votre homme ;
Pour le silencieux par tout on me renomme :
D'ailleurs, je suis pour mes amis
D'une discretion !.... Par exemple, Damis
M'a fait voir un Ouvrage éclos de son génie,
Qu'il veut ensevelir dans un profond secret ;
Hé bien, dans une belle & grande compagnie,
Je ne l'ai dit qu'à trois....

DAMIS.

C'est être fort discret.

(*à Cléante*)
Vous le voyez.

B

GLEANTE.

Il faut s'en tenir à ce trait.

LE MARQUIS. *à Damis.*

Au moins, fais la voir à Cléante,
Cette petite Piéce ; elle eſt, ma foi, charmante.

CLEANTE.

On a prévenu vos deſirs.

LE MARQUIS, *à Cléante.*

Et tu dis ?....

CLEANTE.

Qu'elle a fort amuſé mes loiſirs.

LE MARQUIS.

Beaucoup d'autres, ſur ma parole,
Quand elle paroîtra, s'en amuſeront bien.
Que ce ſoit pour l'Italien,
Au moins ; & qu'Arlequin ait le plus joli rôle.

DAMIS.

Et la charmante Sylvia ?

LE MARQUIS.

Ha ! cher ami, je l'idolâtre.
En un mot, voilà mon Théatre ;
On y rit : nous mettrons les François à *quia.*
Comment donc ! avoir eu dans leurs triſtes demeures,
Le front de m'ennuyer deux heures !
Ho ! leur bourſe m'en répondra ;
La canaille ſera déſormais leur partage,

Avec moi la Nobleſſe à ta Piéce viendra ;
Et pour les faire encor enrager davantage ,
        J'irai ſouvent à l'Opera.
CLEANTE.
    Marquis , la menace eſt bien forte :
Hé ! mon ami , crois-moi , ne t'échauffes pas tant ;
        Sur le ſujet qui te tranſporte ,
        Je parlois encore à l'inſtant
Avec Damis ; il craint un deſtin éclatant.
LE MARQUIS.
J'allois le deviner , où le diable m'emporte !
Je ſçai qu'il a toujours quelque difficulté.
Hé morbleu ! mon ami , moins de timidité :
Le poltron ! à quoi bon tremblotter de la ſorte ?
Ecoutes ; ſi jamais je ſuis repréſenté ,
(Et l'Ouvrage , entre nous , pourroit être goûté)
        Je veux demeurer à la porte ,
Et que par mes regards , en entrant , abrutis ,
Le cenſeur , le cauſtique , & toute leur eſcorte ,
        Se tiennent pour annéantis.
        Va , ſi la Critique t'offenſe ,
        Je me charge de ta défenſe ;
Car enfin au Théatre on a quelque crédit.
        Que le jour pris , me ſoit redit ,
        Et ſur le champ je te ménage
Nombre de partiſans , ardens à t'applaudir . . . . . .
                            B ij

D A M I S.

Et de plus, à nous étourdir.
De ces bruyans amis, je hais le voisinage ;
En interrompant les Acteurs,
Leurs cris séditieux troublent les Spectateurs.
Dans cette émeute générale,
On rencontre fort peu de vrais admirateurs ;
Et je soutiens que la Cabale
Outrage le Public, & sert mal les Auteurs.
Disons que le plus sûr pour moi, pour mon Ouvrage,
C'est de le retirer, & qu'on n'en sache rien ;
Voilà, je crois, le seul moyen
De le préserver du naufrage.
Je le sens ; quoique franche, en cette occasion,
Votre amitié pourroit me faire illusion.

LE MARQUIS.

La chose est-elle proposable ?
J'ai du discernement, & Cléante a du goût.

D A M I S.

Oüi ; mais pour moi, le cœur vous domine sur tout :
Et le cœur est souvent un juge récusable.
On est goûté de ses amis,
Leur zéle à nos désirs s'unit dintelligence ;
Le Public a moins d'indulgence,
Parce qu'il juge en maître : Et qu'il me soit permis
De vous citer un trait qui s'offre à ma mémoire . . . .

PROLOGUE.

LE MARQUIS.

Vas-tu nous débiter une ennuyeuse histoire ?

CLEANTE.

Eh ! laissez-le parler.

LE MARQUIS.

En vérité, Damis,

Ton histoire m'endort.

DAMIS.

Oh ! ce n'est pas merveille.

LE MARQUIS.

Holà, quelqu'un ; qu'on me réveille

Quand Monsieur aura fait sa dissertation.

CLEANTE.

Vous pouvez dormir à votre aise,

Marquis ; pour moi, ne vous déplaise,

Je prétens l'écouter avec attention.

DAMIS.

Le sommeil du Marquis ne me fait point d'outrage.

A mériter votre suffrage

Je borne mon ambition.

Voici le fait ; à mon Ouvrage

Faites-en l'application.

Dormont.

LE MARQUIS, *vivement en se levant.*

Je le connois.

DAMIS, *tranquillement.*

Mon histoire commence,
Remettez-vous, mon cher, encor pour quelque tems.

LE MARQUIS, *aussi vivement.*

Les tableaux, les bijoux, les meubles éclatans,
Le feront tomber en démence.
Je le connois, vous dis-je ; il frise l'Officier,
Et n'est que le fils d'un Caissier.

DAMIS.

Sans doute ; & de plus, fils unique.
Son pere étoit avare, & l'avoit retenu
Sous les austeres loix d'une humeur tyrannique . . . . .

LE MARQUIS, *toujours vivement.*

Ho ! maintenant qu'il est maître du revenu,
Au bon-homme défunt il fait, ma foi, la nique.

DAMIS.

Après sa mort, le fils devoit prendre un état,
L'heritage étoit assez ample.

LE MARQUIS.

Fort bien. Il auroit pû se faire, par exemple,
Mousquetaire ou bien Avocat.

DAMIS.

Toutesfois il choisit de vivre sans éclat :
D'une paresse raisonnée
Les principes alors lui parurent charmans ;
Et si par fois dans la journée

Il vouloit au travail donner quelque momens,
Tous ses travaux n'étoient que des amusemens.
    Il aimoit sur-tout la Peinture,
    Encor plus celle en mignature;
Il s'en acquittoit même assez passablement;
Et de tous ses amis, sur ces sortes d'ouvrages,
    Il recevoit le compliment.
    Heureux, s'il eût sçû prudemment
    Se contenter de leurs suffrages!
Mais, non. Qu'arriva-t-il? Epris trop vivement
    De ce trompeur commencement,
    Content de cette expérience,
    Plein d'un folle confiance,
Des Maîtres en ce genre, il s'en fut sottement
    Mandier l'applaudissement.
On proposoit un Prix, il entra dans la Lice:
Vous jugez bien qu'alors on lui rendit justice,
Et que ce ne fut pas fort glorieusement.
    Ses Portraits parurent difformes,
Parce qu'il se donnoit pour Peintre dans les formes:
On le jugea pour tel, & très-sévérement;
Non plus comme celui qui naturellement,
Aux éloges privés auroit dû se restraindre,
Sans vouloir en public afficher son talent,
    Et ne chercher dans l'art de peindre,
    Qu'un passe-tems noble & galant.

PROLOGUE.

LE MARQUIS.

Parbleu ! le tour eſt excellent.
Je ſuis charmé que la folie
De ce Monſieur Dormont, ait trouvé des cenſeurs ;
Tous ces fils de Traitans font les petits Seigneurs,
Et je ſuis enchanté quand on les humilie.

DAMIS.

Je crains pour moi le même ſort,
Si je prens au Théatre un téméraire eſſor.
De rimer, dira-t’on, vous avez la manie ;
Hé bien, qu’à la raiſon votre eſprit ſoit ſoumis,
Et pour faire applaudir votre foible génie,
Sachez le renfermer dans un cercle d’amis ;
Faites fond ſur leur complaiſance,
Vous le pouvez : chacun, par le zéle emporté,
Servira les deſſeins de votre vanité.
Mais oſer du Public affronter la préſence !
D’un Public intégre, éclairé !
A la honte attachée à tant de ſuffiſance,
C’eſt courir en déſeſpéré.

LE MARQUIS.

Du ſuccès je fais mon affaire,
Et n’appréhendes pas qu’on aille te ſiffler ;
Ou tu verras beau jeu, ma foi, laiſſe moi faire,
Si le Parterre oſe ſouffler. . . .

CLEANTE.

L'un & l'autre je vous admire ;
Dans l'extrême tous deux, vous donnez tour à tour.
Affez tranquillement je vous ai laiffé dire,
Il eft bon à préfent que je parle à mon tour.

LE MARQUIS.

Parbleu ! nous allons donc bien rire ;
Car il eft tant foit peu dans le goût des Catons,
Notre Cléante ....

DAMIS.

Hé, paix !

LE MARQUIS.

C'eft bien dit, écoutons.

CLEANTE.

Le Marquis compte trop fur un Public affable,
Damis fe le figure un peu trop rigoureux ;
D'où je puis inférer qu'ils errent tous les deux.

LE MARQUIS.

Pour le prouver, as-tu quelque titre ?

CLEANTE.

Une Fable.

Arifte en eft l'Auteur ; & pour nous tout exprès,
On pourroit préfumer qu'il en a fait les frais.

PROLOGUE.

LES TALENS.

FABLE.

DE la cervelle de MINERVE
Naquirent autrefois, en faveur des humains,
Les Talens précieux que l'univers conserve ;
Le Souverain des Dieux sur l'œuvre de ses mains,
A toujours répandu ses bontés sans réserve.

Ces Talens hors du chef de la sage Pallas,
    Avoient besoin d'un autre asyle ;
Ils furent donc ailleurs chercher un domicile.
D'abord chez l'INDOLENCE ils porterent leurs pas.

Elle, de soupirer à pareille entrevûë,
Et de les recevoir avec de grands hélas !
Puis d'en demeurer là ; si bien que de sa vûë
    Les Talens furent bien-tôt las.
Ils aiment l'exercice, ils s'en font une affaire ;
    Et bien loin de les satisfaire,
L'Indolence vouloit ne marcher qu'à pas lens,
Et souvent même encor les tenoit à rien faire :
    Quelle hôtesse pour les Talens !
Aussi penseront-ils à la quitter bien vîte,
    Pour aller prendre un meilleur gîte.

Du moins croyoient-ils le trouver
Chez la TIMIDITE' : foudain ils y volerent,
Mais c'étoit pour les achever,
Ce que fans peine ils demêlerent ;
Ils tomboient, comme on dit, de Charibde en Sylla,
Le moyen de demeurer là ?
Auffi-tôt qu'un Talent s'élance,
Par un noble zéle emporté,
Tout eft perdu : Quel effronté !
Quelle ardeur ! quelle pétulance !
L'hôteffe crie au meurtre, ou lui fait violence.
Pourra-t'elle braver par fon habileté,
Les traits que la Critique lance ?
Moins de gloire, dit-elle, & dans l'obfcurité
Un peu plus de tranquillité.

Ce feroit dégrader notre illuftre origine ;
S'écrierent tous d'une voix
Les Talens ; nous fuyons de fi honteufes loix.
Or, la Timidité trembla, je m'imagine,
En les entendant tous s'écrier à la fois.

Nouveau gîte à chercher ; embarras fur le choix.
Chez la TEMERITE' voyons ce qui fe paffe,
Dit l'un d'entre eux. D'accord : Chacun répond, allons ;
Car la troupe n'étoit pas laffe.

Elle avoit jusqu'alors marché dans les vallons ;
Mais il fallut cesser de battre la campagne ,
　　Et grimper sur une montagne ,
Au sommet de laquelle est l'endroit habité
　　Par l'aveugle Témérité.

　　De la fatigue du voyage
On se plaignit d'abord. Quelle imbécillité !
La Dame du logis traita de badinage
Ce que chaque Talent nommoit difficulté.
Il fallut s'apprêter à faire de l'ouvrage.

Leur hôtesse par tout à tel point les prônoit ;
　　Que pour s'efforcer de répondre
　　A l'image qu'elle en donnoit ,
　　Chaque Talent se ruinoit :
Ils avoient beau tailler , limer , fondre & refondre ;
　　Nul ouvrage à bien ne venoit ,
　　C'est que trop on entreprenoit ;
　　Minerve se plaît à confondre
　　Le Talent qui se méconnoît.
Pour la Témérité , quelle triste nouvelle !
Chaque Talent lui dit un éternel adieu ,
　　Et fut rechercher de plus belle
　　A se loger en autre lieu.

La montagne en allant avoit paru bien haute,
Mais on la descendit sans s'en appercevoir ;
Par dessus le Plaisir légerement on saute,
Et la peine en entier se laisse toujours voir.

Quoiqu'il en soit, de loin, & comme à demi côte
Nos Talens voyageurs crurent appercevoir
Un Château. Sans tarder on se fait un devoir
D'aller le reconnoître ; un d'entre eux se détache
Pour que toute la bande sache,
Si dans cette maison on veut les recevoir.
De l'EMULATION elle étoit la demeure ;
On les annonce : ils sont connus.
Les Talens ! ... Hé, mon Dieu, qu'ils soient les bien
venus.
Ils arrivent à la bonne heure.
La Dame du logis, se levant à ce mot,
Au devant d'eux marche aussi-tôt.

Pour répondre à sa complaisance,
Dès le soir même, en sa présence,
Les Talens tout joyeux offrent de s'exercer :
Mais l'Emulation, d'un ton doux & tranquille,
(Chaque fois qu'à lui plaire ils veulent s'empresser)
Pour la rendre encor plus utile
Modére leur ardeur, sans pourtant les glacer.

Par cette hôtesse incomparable,
Bien-tôt au vrai point ramené,
Et de tout excès éloigné,
Chaque Talent devient un Talent admirable.

Ses conseils mennent droit à l'immortalité ;
Chez elle nul excès : on y fuit l'Indolence,
Sans trop s'abandonner à la vivacité,
Et sans prendre l'avis de la Témérité,
On s'y pare à propos d'une noble assûrance
Au dessus des leçons de la Timidité.

Le Zéle & la Raison y font d'intelligence.
Les Talens font contens de leur condition ;
Ce n'est pas tout encor, dit l'Émulation ;
      Il faut aller chez l'Indulgence,
Pour réussir on doit aussi la consulter.
A ses yeux aussi-tôt ils vont se présenter.
Son accueil les prépare à des destins propices ;
*L'*Indulgence, *en faveur de l'*Emulation
Passe à chaque Talent *quelque imperfection,*
Aimons donc à marcher sous de si bons auspices.

Et vous-même, Damis, écoutez leurs avis,
Vous vous trouverez bien de les avoir suivis.

LE MARQUIS, *à Cléante.*

Comment donc, notre ami, vous êtes un oracle.

DAMIS.

Cette Fable est charmante, il faut en convenir.

LE MARQUIS.

De plus, je vous soutiens qu'elle est faite à miracle,

Et je prétens la retenir. . . . . .

A propos (tout ceci m'en fait ressouvenir)

Sais-tu que la Baronne, en ces lieux doit venir ?

Un moment à la Comédie,

J'ai trouvé le moyen d'aller l'entretenir.

CLÉANTE.

Et tu l'as sans doute applaudie

Beaucoup plus que la Piéce ?

LE MARQUIS.

A ne te point mentir,

Je l'aurois fait, jadis : mais je dois t'avertir

Que pour elle mon ame est un peu réfroidie ;

Elle donne à présent dans les grands sentimens ;

Je ne m'étonne point que la Piéce lui plaise,

Ce qui respire les Romans

La met toujours fort à son aise.

D'ailleurs, entre nous, franchement,

On remarque à travers tout son ajustement,

Qu'elle commence d'être au rang des surannées :

Lorsqu'elle grassaye, avec art,

C'eſt qu'elle s'imagine, à te parler ſans fard ;
Que ce ton enfantin cache quelques années.

C L E A N T E.

Marquis, quand une Dame a mérité nos ſoins,
Nous devons l'épargner, pour notre honneur du moins,
Si ce n'eſt pas pour l'amour d'elle.

L E   M A R Q U I S.

De jour en jour, ami, je la trouve moins belle,
Et voilà de ces tours à n'oublier jamais ;
Mais la voici, montrons une ame moins rebelle.

S C E N E   I V.

LA BARONNE, CLEANTE,
LE MARQUIS, DAMIS.

LA BARONNE en graſſëiant.

JE ne veux rien voir déformais
　　Après cette Piéce ſarmante ;
Ah ! Meſſieurs, quel ouvraze, il eſt tout accompli :
De ſentimens il eſt rempli ;
Qu'en ceci le Marquis, s'il l'oſe, me démente.

L E   M A R Q U I S.

Moi ? Je n'ai pas tout entendu,

J'étois

J'étois à l'Opera vivement attendu ;
Tout ce que je sçais bien, c'est que l'on s'y lamente,
Qu'on y gémit comme un perdu.
Vous trouvez la Piéce admirable ;
Madame, quant à moi, je veux être pendu,
Si je ne la crois miserable ;
Au troisiéme Acte on est rendu.

LA BARONNE.

Mais où trouver plus de tendresse,
De zénérosité, de....... la douleur me presse,
Quand zentens déclamer avec témérité
Contre le plus beau des ouvrazes,
Qui zamais de Paris ait reçû les suffrazes ;
Dont tout mon sexe, enfin, admire la beauté.

LE MARQUIS *montrant Damis.*

Tenez-vous bien, ma belle Dame,
Nous vous oppposerons ce petit Seigneur-là.
Il chante sur une autre game,
Et vous aurez à qui parler sur tout cela ;
Il a fait une Comédie,
Qui fronde votre goût comme une maladie.

DAMIS.

Quelle discrétion ! Hé ! de grace, Marquis....

LE MARQUIS *vivement.*

Je vous jure, ma foi, qu'il fait des vers exquis.
C'est à sa Piéce qu'il faut rire ;

C

Voilà ce qui s'appelle écrire !
Je gage que bien-tôt, en brave Champion,
A Racine & Corneille il damera le pion.

C L E A N T E.

Tu choisis fort bien tes exemples.

L E M A R Q U I S *à la Baronne.*

Nos Mémoires sont assez amples,
Comme vous le voyez...

L A B A R O N N E.

Ze n'en reviendrai point.
Oser contester sur ce point !
Damis est-il aussi zuze contre les larmes ?

D A M I S.

De toute Comédie on doit bannir les pleurs ;
C'est mon avis.

L A B A R O N N E.

Et moi, ze féris mes douleurs ;
Elles ont pour moi mille sarmes ;
Faut-il avoir du sentiment
Pour refuser son ame à ce plaisir sarmant ?
Quand un Auteur dans une Piéce,
Comique ou non, pourvû qu'elle nous intéresse,
Rend la foze touffante, & m'oblize à pleurer,
C'est qu'il fonze à me procurer
Une tristesse délicate,
Qui m'attasse au suzet, dont la douceur me flatte,

Et dont ze ne zonzai zamais à murmurer.

DAMIS.

Madame, à votre avis je ne puis déferer ;
Mais j'ai trop de respect aussi pour le combattre.

LE MARQUIS *à Damis.*

Est-ce ainsi qu'on doit s'en tirer ?

Hé, morbleu ! fais le diable à quatre,
Afin que, tout de bon, il faille soupirer,
Sanglotter, gémir & pleurer.

DAMIS.

Ah ! quand notre ame est possédée
D'un sexe tout charmant, le moyen aujourd'hui
D'attaquer un écrit, de combattre une idée
Qu'il honore de son appui ?
Quand votre sexe le seconde,
Madame, un Ecrivain a droit de tout braver ;
Qu'a-t'il à redouter ? craint-il qu'on ne le fronde
Après qu'il a sçû captiver
La plus belle moitié du monde ?

LE MARQUIS.

C'est par là qu'il faut achever ;
La conversation deviendroit trop sçavante :

CLEANTE *en montrant Damis.*

C'est bien dit, pour sa Piéce il faut se réserver.

DAMIS.

Toutesfois, cher ami, le Public m'épouvante.

LE MARQUIS.

Que va-t'il encore chanter ?

CLEANTE *à Damis.*

Hé, pourquoi vous épouvanter ?
Notre Fable à la main, affrontez la tempéte,
Un Auteur avec elle, a droit de tout tenter :
En forme de Prologue on la fait réciter ;
En guise de Préface on la met à la tête ;
Après cela, qu'a-t'on encore à redouter ?

DAMIS.

Ignorez-vous notre foiblesse ?
Nos ouvrages font nos enfans :
Pour eux le moindre choc nous étonne & nous blesse.

CLEANTE.

Les vôtres feront triomphans,
Je le souhaite ainsi du moins, & je l'espere ;
Gouvernez votre Piéce en bon & sage pere,
Défaites-vous du soin d'être son protecteur.
Que par vous le Public soit élu son Tuteur :
Il est intégre, il est habile ;
Et comptant encor plus sur vous pour l'avenir,
Il aura des bontés pour un foible Pupile
En faveur des plus forts qui pourront lui venir.

LE MARQUIS.

Dans ce qu'il dit, ou que je meure,
Il se fait écouter (quoiqu'il soit un peu long.)

CLEANTE.

Fort-bien ; entrons dans le ſalon ;
Nous ne ſouperons point encore tout à l'heure ;
En attendant, l'on peut commencer, un Piquet :

(en ſouriant)

Marquis, prenez Madame…

LA BARONNE.

Il eſt un peu coquet ;
Ze le vois par moi-même, & ze le ſçais d'Hortenſe ;
Mais ce ſiécle n'eſt pas celui de la conſtance.

LE MARQUIS *à Damis.*

Et toi, pour avoir le cœur net,
Veux-tu perdre ta Piéce en un coup de cornet ?

DAMIS.

Ma foi, je le ferois avec bien de la joye,
Si l'on pouvoit joüer ſur pareille monnoye.

Fin du Prologue.

ACTEURS DE LA COME'DIE.

APOLLON.
L'AMOUR.
MOMUS.
HEBE'.
COMUS.
THALIE.
MELPOMENE.
EUTERPE.
Troupe de Ris & de Jeux, Danſeurs.

La Scéne eſt à Cithére.

LA MASCARADE

DU

PARNASSE,

COMÉDIE.

SCENE PREMIERE.

L'AMOUR, HEBE'.

L'AMOUR.

O UI, les Graces se sont aujourd'hui sur-
    passées,
Lorsqu'elles ont pris soin de votre ajustement.

HEBE'.

Et mon habit ?

C iiij

L'AMOUR.

Il eſt charmant.

Que vos mouches, ſur-tout, ſont joliment placées !

H E' B E'.

Tout dépend de l'arrangement.

L'AMOUR.

Sans doute ; mais Déeſſe, à parler franchement,

Hébé la Reine du bel Age,

Du bon goût & de l'agrément,

De tout inutile ornement

Pourroit mépriſer l'étalage.

H E' B E'.

Voulez-vous m'ériger en fille de Village ?

L'AMOUR.

Vous prenez mal le compliment ;

Je prétens dire ſeulement,

Que d'un art enchanteur dédaignant l'impoſture ,

La jeuneſſe pourroit s'habiller ſimplement,

Sans y rien perdre aſſurément :

Les charmes que ſur vous a verſé la Nature ,

N'ont pas beſoin de ſuplément,

H E' B E'.

C'eſt ſe reprendre poliment.

L'AMOUR.

A toute heure, en tous lieux l'Amour vous accompagne ;

Maintenant (car enfin je ne m'y trompe pas,

Le foin de rehauffer l'éclat de vos appas

Annonce que pour vous je battrai la campagne.)

Puis-je vous demander où je fuivrai vos pas ?

Sera-çe chez le Dieu des armes,

Que vous ferez valoir le pouvoir de vos charmes?

HE' BE'.

Chez Mars ? ... En vérité, mon cher, y penfez-vous ?

L'AMOUR.

Mais, je l'ai vû cent fois, Déeffe, à vos genoux

Ce terrible Dieu de la guerre,

Dépofer fa fierté, fes traits & fon Tonnerre ;

Et fentir à vos pieds, tendre & timide amant,

Cette crainte & ce tremblement

Qu'il infpire à toute la Terre.

HE' BE'.

D'accord ; mais il eft ruiné

Depuis la campagne derniére.

Hé, quoi ! vous faites l'étonné ?

Oui, ruiné, vous dis-je, & même de maniére,

Qu'à peine feroit-il chez Comus amené,

Les frais d'un fimple déjeûné.

Pour une beauté printanniére,

C'eft être en argent trop borné ;

La Réforme l'a confiné

Chez une Déeffe doüairiére ;

De Cibéle il fuit la banniére ;

Le panchant me l'auroit mille fois ramené,
Mais la raison l'attache au tendron suranné.

L'AMOUR.

J'entens ; vous aimez la dorure.
Je gage qu'à votre parure
Plutus a bonne part.

HE'BE'.

Vous vous trompez encor.
Plutus me feroit trop acheter un trésor :
Pour les Traitans il faut sans cesse se contraindre ,
Sinon avoir toujours quelque revers à craindre ;
On doit leur immoler ses panchans & ses goûts ,
Ou se résoudre à perdre & meubles & bijoux.

L'AMOUR *en rêvant.*

Je cherche encore dans ma tête....

HE'BE'.

Oh ! la chose n'est pas facile à deviner :
En cent je puis vous la donner ;
Et toutesfois l'on sçait que l'Amour n'est pas bête.
Mais sans vous retenir plus long-tems en suspens ,
Apprenez qu'Apollon est le Roi de la Fête.

L'AMOUR.

Apollon ! A ce compte , il faut que je m'apprête
A me réjoüir aux dépens
De votre nouvelle conquête.

HE' BE'.

Il fait pour moi les frais d'un fort joli régal.

L'AMOUR.

Notre ami cependant n'aime point la dépense,
Un seul de vos rubans lui coûte un Madrigal !

H E' B E'.

Et c'est ce qui me rend plus fiere en récompense :
Mais sur ce cadeau sans égal
Il doit vous consulter , & vous prier , je pense ,
De choisir la Salle du Bal.
Ce qui me réjoüit le plus dans cette affaire ,
C'est que de cette Fête Apollon voudroit faire
A tout le Parnaffe un secret :
De peur qu'elle ne soit troublée ,
Il doit composer l'Affemblée
D'un Peuple ignorant & discret.
Et moi , sous main , je l'ai fait dire
A Momus ; vous sçavez qu'il aime fort à rire ,
Et qu'il jase paffablement ;
Il ne manquera pas d'inftruire
Les neuf sçavantes Sœurs de ce cadeau charmant.
Je vous les garantis auffi-tôt en campagne ;
Notre sexe , sans contredit ,
Saisit avidement les nouvelles qu'on dit ,
La curiosité l'inspire & l'accompagne.
Les Mufes voleront auffi-tôt en ce lieu

Pour avoir un ſujet de critiquer ce Dieu
Qui les tient dans la dépendance....
L'AMOUR.
Cet incident feroit un tour de Carnaval.
HE'BE'.
Et tout-à-fait original ;
Je me fais un plaiſir de voir entrer en danfe
Les Mufes en habit de Bal.
Apollon eſt plaiſant, lorſque je l'enviſage ;
De borner mon triomphe à quelques Spectateurs !
Il eſt bon après tout que Meſſieurs les Auteurs
Du beau monde apprennent l'uſage.
Je vous le recommande, Amour, prenez le ſoin
De bien l'endoctriner, il en a grand befoin.

SCENE II.

L'AMOUR ſeul.

QU'à joüer un Amant, un Tendron eſt habile !
Ma foi, le Dieu des vers eſt aſſez mal mené ;
On prépare de quoi lui remuer la bîle.
Ne mérite-t'il pas auſſi d'être berné ?
Il eſt malheureux en tendreſſe ,
Et ſe pique d'avoir une jeune maîtreſſe.
Le bon Seigneur me fait pitié !

A bien l'examiner, il ne fut jamais fage :
> Mais amoureux, je l'envifage
> Comme plus fou de la moitié.

Cependant je lui dois un retour d'amitié,
> Ses vers m'ont rendu redoutable.....

Ne foyons point ingrat, employons tous nos foins
A lui faire goûter un avis profitable,
Et que l'on puiffe dire une fois pour le moins
> Que je fuis un Dieu charitable.....

Mais que vois-je ? Comus ici porte fes pas ;
> Il eft en habit d'ordonnance.

Oüais ! pour comble d'impertinence,
Apollon auroit-il commandé le Repas ?

SCENE III.

L'AMOUR, COMUS *en Cuifinier.*

COMUS *brufquement.*

HE' bien ! qu'eft-ce ? cher camarade ;
On dit que d'un cadeau dès long-temps médité,
Vous régalez chez vous une jeune Beauté,
Et qu'il y faudra joindre un feftin de parade ?
> Momus vient de m'en avertir ;

Et foudain au Dieu de Cithere

J'ai crû devoir offrir mon miniftere

En ce qui peut lui convenir.

L'AMOUR *à part.*

C'eft un tour de Momus ; il faut s'en divertir.

(*haut.*)

De votre part, Comus, l'attention m'eft chere,

On vous a dit la vérité ;

Mais je hais, entre nous, un repas concerté.

Ne peut-on faire bonne chere

Sans tant de régularité ?

COMUS.

Hé ! Parbleu, fans difficulté.

On fait fans étalage un régal affez ample,

Un fimple ambigu , par exemple,

Peut être , par votre ordre, en ces lieux apprêté.

L'AMOUR.

Je compte fur vos bons offices.

COMUS.

Très-volontiers. Je vais tracer en abrégé

Un repas fans façon, mais propre & bien rangé.

Je vous ferai d'abord , au feu des facrifices,

Rôtir fix beaux *Aiglons* , directement iffus

De l'*Aigle* que chérit le Maître du Tonnerre,

Et non de ceux que fur la terre

Aigles vulgaires ont conçus.

(en rêvant.)

En rôti, ne peut-on rien ajoûter ? Quel conte !
  A ce premier plat l'on joindra
  Six *Colombes* que l'on prendra
  Dans les Voliéres d'*Amathonte* ,
Et qu'avec de l'*Encens* on affaisonnera.
  Entre les deux l'on placera
Un *Phénix* bien farci de *Mirthe* & d'*Ambrosie.*
Si l'on veut du Poiffon , Neptune fournira
  Plus d'une piéce bien choifie
  Dauphins , *Tritons* , & cœtera.
  Quant aux fruits , on les cueillera
  Dans les Jardins des *Hefpérides.*
  Et, ces mets que l'on fervira ,
  Le *Nectar* les arrofera :
  Dans les gofiers les plus arides ,
La divine liqueur à grands flots coulera.
  L'AMOUR *en l'interrompant.*
  Mais , mais , vous vous moquez , je penfe ;
Quand le repas feroit par Plutus commandé ,
  Feriez-vous plus grande dépenfe ?
Et c'eft pour Apollon que je l'ai demandé.
Si par malheur , Phébus avoit la maladie
D'étaler un couvert fi bien entretenu ,
Que feroit-ce , ma foi ? Dans un feul ambigu ,
  De fa meilleure tragédie

Il mangeroit le revenu.

COMUS.

Compagnon, voulez-vous m'en croire ?
Laiſſons le Dieu des Vers, pour le faire enrager ;
Si d'un mince feſtin il veut avoir la gloire,
Il n'aura qu'à donner des lauriers à manger,
Et de l'eau d'Hippocrêne à boire.

SCENE IV.

L'AMOUR *feul.*

IL gronde, & n'a pas tort. Avec l'Art immortel
Que poſſéde le Dieu qui régit le Parnaſſe ;
Jamais il ne pourra, quoi qu'il diſe, ou qu'il faſſe,
Enrichir ſon maître d'Hôtel.....
(*Apollon entre en répétant un air du Divertiſſement.*)
Mais lui-même paroît. Il ſaute ; il geſticule ;
Il parle entre ſes dents. Quel temps pour mes leçons !
Rien ne manque à ſon ridicule :
Hébé l'a rendu fou de toutes les façons.

SCENE

SCENE V.

APOLLON, L'AMOUR.

APOLLON *en se promenant.*

N On, je ne fis jamais de meilleures chansons.

L'AMOUR *en l'abordant & d'un ton railleur.*

Au vainqueur de Pithon je fais la révérence ;

Jadis il bravoit mon pouvoir ;

Aujourd'hui , quelle différence !

La Tendresse ne fait que trop bien son devoir.

APOLLON *sortant de sa rêverie.*

Qu'entens-je ? Quelle voix a frappé mon oreille ?

C'est vous, fils de Vénus ; ma joie est sans pareille.

Je suis enchanté de vous voir :

J'aurai besoin de vous pour remplir quelques Rôles

D'un nouveau Divertissement

Que je prépare ici pour un objet charmant.

J'en ai fait l'air & les paroles ;

Je les répetois même encore en ce moment ;

Ecoutez-les un peu...

L'AMOUR *vivement le premier vers.*

Daignez m'en faire grace :

En parlant de leurs Vers, pour eux seuls pleins d'appas,

D

Vos enfans ne finiſſent pas.

De chanter, votre voix ne ſeroit jamais laſſe,
Et moi de l'écouter je ſerois bien-tôt las.
Parlons de la Beauté qui fait naître la flamme
    Dont votre cœur eſt embraſé.
Pour le prix des beaux Vers qu'exhalera votre ame,
Vous voulez donc encor être tyranniſé ?
Quel motif inſenſé dans ma Cour vous attire ?
Savez-vous bien, ami, qu'en rentrant ſous mes loix,
Vous allez contre vous réveiller la Satyre
    Que l'on fit courir autrefois.
    (Pendant ce diſcours Apollon ſe ronge les ongles
        en rêvant.)
    L'A M O U R *continuë vivement.*
Oh, Oui ! C'eſt bien le temps de vous ronger les doigts.
    Hé, morbleu ! Vous eſt-il poſſible
D'oublier que pour vous *Daphné* fut inſenſible ?
Riſquer après cela d'être encor rebuté,
    C'eſt être bien incorrigible !
    A P O L L O N *avec feu.*
    Amour, le ſort en eſt jetté.
De mon cœur enyvré d'une tendreſſe extrême
Rien ne peut arracher l'aimable objet que j'aime ;
    Vous ignorez que c'eſt Hébé !
    L'A M O U R.
Puis-je ignorer les traits qui partent de moi-même ?

Mais en êtes-vous mieux tombé ?

Quand le monde entier vous accufe,

D'immoler, chaque jour, à l'efprit le bon fens,

Lui donnerez-vous pour excufe

Cet amour qui trouble vos fens ?

Si vous voulez aimer , qu'une fage Déeffe

Faffe naître votre tendreffe.

Pour vous un tel amour feroit fort de faifon :

Mais être amoureux-fou de l'ardente Jeuneffe,

Eft-ce là le moyen, Souverain du Permeffe,

De reconcilier la Rime & la Raifon ?

A P O L L O N *paffionnément.*

Ah ! Quand vous la voyez dans le célefte Empire,

Cette jeune Beauté, d'un air fin & moqueur,

Verfer à Jupiter la divine liqueur,

Ne convenez-vous pas que tout ce qui refpire

Doit céder fans réferve à cet objet vainqueur?

C'eft à lui plaire que j'afpire,

C'eft pour lui feul que je foupire;

Et j'aime les foupirs qui partent de mon cœur.

L'A M O U R *vivement.*

Hé ! De par tous les Dieux, laiffez-là votre flamme,

Et formez des projets plus dignes de vos foins.

Tout votre Peuple le réclame;

Rendez-le floriffant; prévenez fes befoins.

(*Apollon continuë de rêver.*)

Accordez entre eux les Poëtes,
Toujours médifans, envieux,
Et prompts à dégrader, par des traits odieux,
Le noble mêtier que vous faites.
Poliffez les Caffés, ces illuftres Bureaux,
Où vous faites tenir vos Etats généraux,
Purgez-les avec foin des langues imprudentes,
De celles qui font trop ardentes
A toucher, fans refpect, aux plus graves fujets ;
De celles qui fe font une horrible coûtume
D'inonder le Public de fiel & d'amertume.
Prodiguez votre zéle à de fi grands objets.
Ce font là des travaux dignes même d'Hercule,
Qui vous honoreront, fi vous les terminez,
Et non point ce feu ridicule
Auquel vous vous abandonnez.

APOLLON *en fe promenant, & par*
réflexion.

De ces petits couplets les vers font bien tournés...
Quant à l'air, il eft admirable !
Hébé, vous êtes adorable :
Mais, entre nous auffi, Déeffe, convenez
Que mon Art eft incomparable,
Et digne des honneurs que vous lui deftinez.

L'AMOUR.

Oui-dà ! C'eft donc ainfi que vous m'entretenez ?

Je plaide votre propre caufe,
Mon cher, & vous vous obftinez
A rêver à toute autre chofe ?
A votre aife déraifonnez.
Je reprens mon vrai perfonnage ;
Celui d'un fage & grave Dieu
Ici me convenoit fort peu :
(L'Amour n'eft fait que pour le badinage.)
Comptez donc déformais, Seigneur, que votre feu
Pour moi va devenir un agréable jeu ;
Et je n'attendrai pas que la trompette fonne
Pour me joindre à tous ceux qui, frondant vos écarts,
Sous une grêle de brocards
Accableront votre perfonne.

APOLLON.

J'ai befoin pour le Bal d'un Salon ; permettez
Que ce foit en ce lieu que chacun fe raffemble.

L'AMOUR.

Cœur rebelle, es-tu digne encor de mes bontés ?
Toutefois j'y confens ; mais raifonnons enfemble.
Tout le Parnaffe en corps vient-il ici danfer ?
Avez-vous averti les neuf doctes femelles ?

APOLLON *vivement*.

Amour, que dites-vous ? Hé ! Que ferois-je d'elles ?
Je fonge bien plûtôt à m'en débarraffer.
En un mot, je les crains ; leurs langues indifcrettes

Ne me feroient point de quartier.
Je prétens qu'en ceci les chofes foient fecrettes,
Pour le Parnaffe tout entier.

SCENE VI.

APOLLON, L'AMOUR, MOMUS
botté & un foüet à la main.

MOMUS.

Les doctes Sœurs en ce lieu vont paroître.
Place, place, de ce côté.

L'AMOUR.

Que vois-je ? Momus tout botté !

MOMUS.

Oui, Monfieur Cupidon, & de plus fort crotté,
Si vous favez vous y connoître.
Que diable ! Il faut ici dire la vérité ;
Quiconque ofe fe méconnoître
Eft dupe de fa vanité.
En brave Poftillon, par curiofité,
Ce matin, fans prévoir ce qu'il en pourroit être,
Sur Pégafe je fuis monté,
Et le drôle m'a culbuté.

(*à Apollon.*)

Vous avez là, Seigneur , une sotte monture :
Par mille mal-adroits, votre cheval gâté ,
  Est comme un coursier indompté.
  Vous riez de mon avanture ?

APOLLON.

C'est que les mauvais temps ont rompu le chemin.

MOMUS.

Hé , morbleu ! Par un ordre écrit de votre main ,
  Seigneur , dites qu'on les répare.....
  Mais nos Belles vont s'avancer ,
En courier important , je viens les annoncer ;
Qu'à les bien recevoir un chacun se prépare.
 (*à Apollon.*)   (*à l'Amour.*)
Vous, ici demeurez : &, vous, à l'autre coin.
Qu'il soit dit en tous lieux, que , dès que j'en prens soin ,
  Les choses sont bien ordonnées.
Un fauteuil ; Melpoméne en aura grand besoin ;
  Car , outre qu'elle vient de loin ,
Elle a peine à marcher depuis quelques années.
Bon. Tout est en état ; tenons-nous en repos . . .
  Nos Dames viennent à propos.

SCENE VII.

APOLLON, L'AMOUR, MOMUS, MELPOMENE, THALIE.

(Melpoméne marche à pas lents , Thalie la fuit.)

MELPOMENE *d'un ton tragique.*

QUelle barbare main m'a conduite en ces lieux ?
Je fens qu'on y refpire un air contagieux,
Je me meurs !..

(elle fe jette dans un fauteuil.)

MOMUS *en s'approchant d'elle.*

Dans le vrai, je crains qu'elle ne paffe.

L'AMOUR.

Le plaifant incident !

MOMUS *à Melpomène.*

Madame eft donc bien laffe ?

APOLLON *troublé à Thalie.*

Et, vous, que faites-vous ici ?

THALIE.

Vous allez en être éclairci.
On étoit inquiet de votre longue abfence.

APOLLON.

Vous vous tirez mal d'embarras.
Mais, fans mon ordre enfin, fortir de mes Etats,
C'eft prendre un peu trop de licence.
MELPOMENE *avec un œil égaré en fa*
tournant du côté de l'Amour.

Qu'as-tu fait, répons-moi, de toute ta puiffance,
Dieu des Vers?

MOMUS.

Pour le coup, elle perd connoiffance,
MELPOMENE *reprend.*

Je redemande en vain à tes fujets glacés
De mon premier éclat les honneurs éclipfés.
Mon Peuple fe répand en honteufes licences.
Il lui faut à prefent quatre reconnoiffances,
Dix lettres, un combat, deux ou trois actions,
Autant de morts au moins, & de féditions
Pour arriver, après ce travail énergique,
Au dénouëment forcé d'une Piéce tragique.
Quand verrai-je fur moi luire un jour plus férain?
O honte des neuf Sœurs & de leur Souverain!
Oui, le Pinde te rend comptable de fa gloire.
Remporte fur toi-même une illuftre victoire;
Et loin de te livrer à ta nouvelle ardeur,
Vien rendre à tes Etats leur antique fplendeur.
Mais je le voi; tu veux languir dans ta molleffe:

(elle se leve.)

Va, dégrade ton nom. C'en est trop, je te laisse;
Et du secours des vers dédaignant le pouvoir,
En prose désormais je veux me faire voir.

APOLLON.

Mais enfin...

MELPOMENE *en se tournant vers l'Amour.*

Quelle voix a frappé mon oreille ?
C'est l'Amour !.. De ce Dieu l'audace est sans pareille :
Je te retrouve donc en ces lieux détestés,
Trop criminel auteur de mes calamités ?
C'est toi, qui dans mon stile, énervé par tes charmes,
Fournis au mauvais goût de si puissantes armes;
De tes sons doucereux l'effroyable langueur
Des plus mâles accords m'enleva la vigueur;
Avec tout le Public ma main d'intelligence,
D'un si noir attentat saura tirer vengeance.
Tremble, Amour, si jamais je puis briser mes fers,
Mon bras te poursuivra jusqu'au fond des enfers...
Mais... Qu'est-ce que je sens ?... Mon ame ensévelie...
Dans... un ... Aih ! Je m'endors... Soutenez-moi,
Thalie.

MOMUS.

Elle a, ma foi, grande raison;
Une petite Comédie,
Dans cette méchante saison,

Etaye bien la Tragédie.

APOLLON.

Holà ! Gardes, à moi…

L'AMOUR *se jette aux pieds d'Apollon.*

Seigneur, que faites-vous ?

APOLLON *à sa suite.*

Qu'au Palais de Morphée à l'inftant on l'emporte.

MOMUS.

C'eft bien dit ; approchez, Meffieurs les gardes-foux ,
Rien n'eft plus dangereux qu'une femme en courroux ;
Et fur tout qu'on ait foin de bien fermer la porte.

THALIE.

Bon ! Il n'eft pas befoin de la faire griller ,
Elle a l'air de ne pas fi-tôt fe réveiller.

APOLLON *à Thalie fièrement.*

Et vous, qu'on retourne au Parnaffe :
Votre folle démarche a droit de me choquer ;
Ce n'eft point ici votre place.

THALIE.

Mais, vous-même, Seigneur, puifqu'il faut s'expliquer,
De vouloir m'en bannir vous avez bonne grace ?
J'ai dans ces lieux, je penfe , autant de droit que vous;
Si je puis ici ne rien taire,
Ce vif empreffement à nous éloigner tous,
Voile à nos yeux quelque myftere.

APOLLON *fiérement.*

Le myſtére n'eſt fait que pour les indiſcrets,
Et ce n'eſt point à vous à ſonder mes ſecrets.

THALIE *d'un ton railleur.*

C'eſt aſſez clairement nous avouer la dette.
On connoît que le tour eſt de votre façon,
Amour ; vous en ferez un fort joli garçon.

MOMUS.

Taiſez-vous, notre ſœur cadette ;
A l'Amour, eſt-ce à vous de faire la leçon ?

L'AMOUR.

De quoi m'accuſez-vous ? Quand le Dieu du Parnaſſe
Mord de lui-même à l'hameçon,
Je le reçoi comme un poiſſon
Qui vient ſe jetter dans la naſſe.
D'ailleurs, quoiqu'en tous lieux je faſſe des amans,
C'eſt à tort que l'on me répute
Comptable de leurs ſentimens ;
Les ſottiſes que l'on m'impute,
Ne ſont que leurs égaremens.

(poſément.)

Et pour terminer la diſpute
Par un trait qui me ſemble heureux
Sur les vrais intérêts de l'empire amoureux,
Sachez que vous donnez dans un erreur extrême ;
Que l'Amour eſt toujours excellent en lui-même,

Et qu'il ne devient dangereux,
Que par la façon dont on aime.

THALIE.

Le conseil est bien généreux.

L'AMOUR.

Adieu...

APOLLON *vivement.*

Pensez à notre affaire.

L'AMOUR.

Oui. Je vais pour vous satisfaire,
Rassembler les Ris & les Jeux :
Mais de ces deux Censeurs songez à vous défaire.

APOLLON.

Vous pouvez, si tel est l'objet de vos plaisirs,
Séjourner à Cithere au gré de vos désirs.
Mais, gardez bien au moins, si de tout son domaine
Vous ne voulez forcer Phœbus à vous bannir,
Qu'un désir téméraire en ce lieu vous améne ;
Le curieux s'expose à se faire punir.

(*puis il ajoûte d'un air railleur en sortant.*)
Je ne donne qu'à Melpoméne
Le privilége d'y venir.

SCENE VIII.

MOMUS, THALIE.

MOMUS *regardant sortir Apollon.*

Dans un profond sommeil elle est ensevelie ,
Le privilége est superflu.

THALIE.

De la Fête, Momus , vous voilà donc exclu ?

MOMUS.

Vous l'étes pour le moins autant que moi , Thalie.

THALIE.

Quant à moi, la défense irrite mes désirs.
La Danse, il faut que je le dise ,
N'amuse gueres mes loisirs ;
Mais enfin il suffit que l'on me l'interdise ,
Pour qu'elle soit pour moi le plus grand des plaisirs.

MOMUS.

Cependant contre vous la défense est expresse ,
Et sans que vous puissiez la faire révoquer ;
Pour augmenter ici la presse ,
Dans un méchant procès ira-t'on s'embarquer ?

THALIE.

Hé ! Comptez-vous pour rien de braver Therpsicore ?

Qui contemple à regret dans mes amusemens,
      La Danse dont je les décore;
      Mais dût-elle enrager encore,
      J'aime les divertissemens.
        (Elle continue en rêvant.)
      Pour concilier toute chose
      Je songe si quelques détours.....
      En prenant de nouveaux atours :
Par exemple.... Oüi-dà, cette métamorphose
Au Seigneur Apollon pourroit joüer d'un tour.

MOMUS.

J'entre dans vos desseins, & je prétens en être....
      J'imagine même à mon tour.....
Mais quelqu'un en ces lieux nous écoute peut-être,
Sortons pour éviter un éclat indiscret.....

THALIE.

C'est bien dit, on pourroit trahir notre secter.
  (Elle veut sortir, Euterpe en entrant l'arrête.
        Momus sort.)

SCENE IX.

THALIE, EUTERPE

EUTERPE *magnifiquement parée d'un ton minaudier.*

THalie à mes regards craint-elle de paroître ?
Ne fuyez pas si vîte ; & là... là, revenez.

THALIE *à part.*

Quelle est donc cette femme avec ses yeux tournés ?

EUTERPE *toujours en minaudant.*

Envisagez-moi bien.

THALIE.

Madame, pardonnez....
Je ne crois point avoir l'honneur de vous connoître.

EUTERPE *rit avec art.*

Ah, ah....

THALIE *à part.*

Elle me rit au néz.

(*haut.*)

Vos yeux se méprennent peut-être....

EUTERPE.

Quoi ? Vous méconnoissez la Déesse champêtre,
Euterpe, votre sœur ?... Allons, vous badinez.

THALIE.

THALIE.

Quoi ? c'eſt vous ?

EUTERPE *d'un ton doucereux.*

Tout de bon.

THALIE.

   Vraiment vous m'étonnez !

Que ne m'avez-vous prévenue ? . . .

Avec ces traits enluminés

Qui diantre vout eût reconnue ?

EUTERPE.

J'ai quitté les airs villageois.

THALIE.

Mais ne perdez-vous rien à vous être parée ?

  C'eſt une ſotte mijaurée

  Qu'une Eglogue en habit bourgeois.

EUTERPE.

De cette vieille erreur je ſuis bien revenue.

THALIE.

Mais, encore une fois, qu'eſt-elle devenue

  Cette aimable ſimplicité

  Qui décoroit votre beauté ?

Je m'en ſouviens encor ; le matin une eau claire

  Vous tenoit lieu, dans l'art de plaire,

De mouches, de parfums, de carmin & de fard :

Vous ignoriez alors les menſonges de l'Art.

Aujourd'hui tout en vous outrage la Nature,

       E

Tout s'y montre affecté,
Empefé, guindé, concerté;
Vous avez le teint en peinture,
Et le vifage moucheté.

EUTERPE.

Mon goût eft excellent & le vôtre eft gâté :
Je n'avois autrefois efprit, ni politeffe,
Et je fuis aujourd'hui toute délicateffe.
De tous les jolis mots de *cœur*, de *fentiment*,
Je fçais tirer la quinteffence.

THALIE *ironiquement*.

Oh ! vous avez acquis vraiment
Plus d'une belle connoiffance :
Que vous allez gagner à ce beau changement !
Sans doute, que pareillement
Vous avez réformé votre ancienne Mufique ?

EUTERPE.

Oiii ; je ne chante plus qu'ingénieufement,
Et je ne parle plus que de Métaphyfique …
Ne penfez pas rire vraiment !
Je méprife les fons naturels & vulguaires ;
J'adore une *Sonatte*, ou bien un *Concerto*.

THALIE.

Joüiez-en donc *incognitò*,
Mufe ; car entre nous cela ne vous fied guéres.

EUTERPE *d'un ton dédaigneux.*

Je vais chercher quelqu'un dont le goût soit meilleur.

THALIE.

Mon ton véridique & railleur

Me rend incommode jaseuse.

Permettez cependant, qu'en dépit des moqueurs

De ce joli bouquet j'admire les couleurs.

(*Elle regarde le bouquet d'Euterpe.*)

EUTERPE *en minaudant.*

Il est de la bonne Faiseuse.

THALIE.

Quoi ! L'Art se mêle aussi de fabriquer des fleurs,

Et l'on en fait usage ? . . . .

EUTERPE.

Adieu, ma bonne amie.

THALIE.

Demeurez un moment, vous allez me charmer :

A votre phisionomie

Peut-être que le tems sçaura m'accoûtumer.

EUTERPE.

Je ne vois en ces lieux ni *Sopha*, ni *Duchesse.*

THALIE.

Dans les meubles aussi vous cherchez la richesse ?

Ho ! ma foi, tout est perverti !

Mais lorsqu'aux sages loix de la belle Nature

Votre goût étoit assorti,

E ij

D'un simple Tapis de verdure
Vous auriez sçû tirer parti.

EUTERPE.

Mon esprit à ces loix n'est plus assujetti ;
Je m'apperçois que le jour baisse,
J'ai quelque affaire ailleurs, ma chére, je vous laisse.
La Jonquille, Jasmin.... ils n'ont jamais de soin.

(Deux domestiques paroissent, dont l'un a un Parasol à la main.)

THALIE *d'un ton railleur.*

Comment donc Euterpe a des Pages !
La Reine des Bergers s'est mise en équipages !

EUTERPE *reprend nonchalament.*

Pliez ce Parasol, il n'en est plus besoin.

THALIE *en la retenant.*

Je vous donne un avis qui vous plaira peut-être ;
Apollon aujourd'hui donne un Bal en ce lieu :
Vous pourrez y venir sans craindre que ce Dieu,
Sous ces nouveaux habits puisse vous reconnoître.

(Euterpe sort, Thalie continue.)

Autrefois des Saisons, le soir & le matin,
Elle bravoit l'intemperie :
O ! honte de la Bergerie,
Elle craint à présent de se gâter le teint !

SCENE X.
HE'BE', THALIE.

HE'BE' *d'un air étourdi.*

HE'! c'eſt vous, ma chere Thalie,
Que nous allons nous réjoüir !
Il n'eſt point de mélancolie
Que votre agréable folie
Ne puiſſe faire évanoüir.
On a quelque crédit ſur le Dieu du Parnaſſe ;
Il nous parle d'amour en dépit des cenſeurs ;
Mais je ne prête point l'oreille à ſes douceurs,
Qu'il ne vous accorde une place
Au-deſſus de vos autres Sœurs.

THALIE.

Cette place pour moi ſeroit un peu trop haute ;
Je n'aſpirai jamais aux grandes dignités.

HE'BE'.

J'en veux dire deux mots qui ſeront écoutés,
Ou, ce ne ſera pas ma faute.
Au Bal il faut nous raſſembler,
Car mon goût dominant c'eſt la danſe. Et le vôtre ?
Nous ſommes filles l'une & l'autre,
Nos goûts doivent ſe reſſembler.

THALIE.

Les plaiſirs & les jeux ſont faits pour le bel âge.

HE' BE'.

Oh ! je vous en répons ! Nous y ferons tapage ;
Phébus enragera : mais quel plaifir charmant
De l'entendre gronder & jurer en rimant !
J'en reffens par avance une joye infinie.
Sur vous & fur Momus je compte, pour le moins.

THALIE.

Auffi vais-je mettre mes foins
A vous faire avoir compagnie.

(Elle fort.)

SCENE XI.

HE' BE' *feule.*

L A Fête fera mieux garnie
Que je n'aurois dû l'efpérer ,
Si de la laiffer ignorer
J'avois eu la fotte manie.
Non , non , mon fexe eft trop ami
Des accompagnemens d'une illuftre victoire ;
Triompher , & n'avoir qu'un témoin de fa gloire ,
C'eft ne triompher qu'à demi.
Mais parlons franchement , je m'en fais trop acroire ,
Apollon eft de tous les Dieux
Le Galant le plus ennuyeux......

Tant mieux, il eſt ſans conſéquence.
Hé ! que ſeroit-ce pour mon cœur,
Si le Je ne ſçai quoi vainqueur
Se joignoit à ſon Eloquence ?
La loi que mes attraits lui donnent aujourd’hui
Peut-être qu’il faudroit la recevoir de lui.

(Apollon entre.)

Il paroît en habit d’homme à bonne fortune,
Et mon cœur n’eſt point agité !
Dans nos amuſemens quelle félicité,
Quand par des craintes importunes
Le plaiſir n’eſt point acheté !

SCENE XII.

APOLLON, HE’BE’, TROUPE
de Ris & de Jeux : Suite d’Apollon.

APOLLON à ſa ſuite.

POur la Beauté qui vous demande
De votre Art en ces lieux étalez tout le prix.
Vous, charmante Déeſſe, acceptez leur offrande :
Un nouveau zéle anime & les Jeux & les Ris
Quand la Jeuneſſe les commande.
Pour ſervir mon amour & contenter vos yeux,

Il eſt temps qu'aux accords les plus harmonieux
Leurs pas s'uniſſent en cadence.....

HE'BE'.

Non, retardez un peu la danſe,
Tous nos amis encor ne ſont pas raſſemblés.....

APOLLON l'interrompant.

Ah ! Déeſſe, vous m'accablez.
Que prétendez-vous donc attendre ?
Que nos amuſemens puiſſent être troublés ?
(En cet endroit on frappe à la porte de la Sale du Bal.)

HE'BE'.

Ecoutons..... A la porte un bruit s'eſt fait entendre ;
On y frappe à coups redoublés.

(à part.)

Il n'en faut point douter ; le Parnaſſe en perſonne
Vient ici figurer avec tous nos Danſeurs.

APOLLON à part & d'un air dépité.

Ce ſont quelques fâcheux, en ſecret je friſſonne
D'avoir à braver les cenſeurs.

(on continue de frapper.)

HE'BE'.

On frappe de plus belle.....

APOLLON vivement.

Hé ! Déeſſe, qu'importe ?

HE'BE'.

Mais il faut leur ouvrir, ils pourroient ſe fâcher.

APOLLON *encore plus vivement.*

O Ciel ! Que dites-vous ? … Ma douleur la plus forte
Dans le trouble qui me tranſporte,
Cruelle, c'eſt d'avoir à vous le reprocher !

HE'BE' *à part.*

Je crois que tout de bon le Dieu des vers s'emporte.

APOLLON.

Quel téméraire à cette porte
Oſe s'oublier à ce point ?

THALIE *en dehors, contrefaiſant ſa voix.*

Ouvrez, l'on ſe fera connoître ;

APOLLON.

Quelle audace ! … Qu'on n'ouvre point.

HE'BE'.

Ce ſont quelques Maſques peut-être ;
(*à ſa ſuite.*)
Qu'on leur ouvre ; nous en rirons :
Leurs menuets danſés nous les congédierons.

APOLLON *outré.*

Déeſſe, vous pouvez leur faire compagnie,
Pour moi je me retire & vais en d'autres lieux
Braver des importuns les regards curieux,
Et déteſter la tirannie,
Que me fait éprouver le pouvoir de vos yeux.

HE'BE'.

Le compliment eſt gracieux ;

Autant que je puis m'y connoître,
Vous étes amoureux, mais bien honteux de l'être.
(on ouvre, Thalie entre déguisée avec les habits de
Melpoméne.)

On entre. Demeurez... Ah! Qu'eft-ce que je voi?
Ne me trompé-je point? C'eft Melpoméne! Hé quoi!
La Mufe larmoyante eft auffi de la Fête?
Le joli Divertiffement!

APOLLON.

Je ne puis revenir de mon étonnement.

HEBE'

J'ai fait une belle conquête!
La Tragédie au Bal! C'eft fe moquer de nous.

SCENE XIII.

APOLLON, HEBE', MOMUS, THALIE *déguisée.*

THALIE *en fe jettant aux piéds d'Apollon, & fe*
couvrant le vifage d'un mouchoir.

AH! Seigneur, permettez qu'embraffant vos ge-
noux,
Dans ces auguftes lieux protecteurs de ma fuite,
D'un cruel Raviffeur j'élude la pourfuite.

Sans respecter mon rang, un indigne Romain
A voulu me forcer à lui donner la main...
Des plus nobles Sabins, Seigneur, je suis issuë;
Par des jeux imposteurs ma Nation déçuë,
A livré tout mon Sexe à ce Peuple étranger
Habile à le séduire, ardent à l'outrager.
Et moi-même, Seigneur, j'allois être ravie...
Mais qu'entens-je ? Grands Dieux ! Ne suis-je point
    suivie ?
Telle est en moi l'horreur d'un objet odieux,
Que tout ce que je voi le retrace à mes yeux.

    MOMUS *avec un manteau gris & une longue barbe.*
        (à part.)
C'est en ce bel endroit qu'il faut que je me montre.
       (haut en s'avançant vers Thalie.)
    Ah, ah ! Te voila dans ces lieux !
Je ne m'attendois pas à semblable rencontre.
       THALIE.
Quel est donc ce vieillard ?... Mon cœur, à son aspect,
Est à la fois saisi de crainte & de respect...
Ah ! Mon pere, c'est vous ?...
       MOMUS.
      Oui, vraiment, c'est moi-même,
Ma fille, à te revoir mon plaisir est extrême.
    THALIE *bas à Momus.*
Rehaussez votre stile, il jure avec le mien.

M O M U S *bas à Thalie.*

Hé ! Morbleu , taifez-vous ; cela n'y fait de rien :
C'eft la mode à prefent. De la Badinerie
On vole au Sérieux fans nul ménagement ;
    Et l'on paffe rapidement
Du plus grand Pathétique à la Bouffonnerie.
    (*il reprend haut.*)
Où diable étois-tu donc ? Je te cherchois par tout ,
Dans Rome , aux quatre coins , de l'un à l'autre bout.

T H A L I E.

Mon pere ! Ignorez-vous le funefte meffage
Que la perfide Rome a fû mettre en ufage ?
Dans un brillant Spectacle au crime confacré ;
Contre le droit des Gens en tous lieux fi facré ,
Des Sabins à ces jeux les femmes invitées ,
Par le fier Romulus viennent d'être infultées.

M O M U S *brufquement.*

Comment donc ? . . . Après tout , je te l'avois bien dit ,
De ne point tant courir à ce Cadeau maudit.
Voilà ce que l'on gagne à ces peftes de Fêtes !
Mais les femmes toujours n'en feront qu'à leurs têtes.

A P O L L O N.

Quel galimathias !

H E B E'.

    N'êtes-vous pas honteux
De fouffrir cette impertinence ?

APOLLON.

D'une Fête charmante ils troublent l'ordonnance !

HEBE'.

Pourquoi de notre Bal parliez-vous devant eux ?

APOLLON.

Mais je croyois pouvoir permettre à Melpoméne...

HEBE' *vivement*.

Et voilà qu'elle nous améne
Un vieillard cauftique & quinteux...
Ce font là des coups de génie !
Pour faire mieux valoir la Danfe & l'Harmonie,
Il faloit prendre auffi, cela n'eft pas douteux,
Un Orcheftre manchot, & des Danfeurs boiteux.

(*à part.*)

Mais Thalie & Momus me manquent de parole.

APOLLON *rêveur*.

Ceci cache un myftére ; il faut le pénétrer.

MOMUS *bas à Thalie*.

Ils font bien intrigués.

THALIE *bas à Momus*.

L'avanture eft fort drôle.

MOMUS *bas*.

Je ris fous le manteau.

THALIE *bas*.

N'allez pas vous montrer ;
Il faut foutenir notre rôle.

SCENE XIV.

APOLLON, HEBE', MOMUS, THALIE *déguisée*, COMUS.

COMUS *entre brusquement.*
(*à Apollon.*)

SErviteur. En ces lieux je vous trouve à propos.
Vous ignorez ce qui m'améne;
Je vais l'expliquer en deux mots.
C'est de la part de *Melpoméne.*
Ses habits sont volés. Par qui ? Je n'en sai rien :
Mais pour qu'on lui rende son bien,
Chez *Morphée* elle se déméne.
Comme j'avois appris qu'elle n'étoit pas bien,
Et que toute sa maladie
Provenoit d'un épuisement;
Je lui portois en ce moment
Un fort bon consommé, dont le suc remédie
Au plus grand affoiblissement;
Lorsqu'à mon grand étonnement,
Elle s'est plainte à moi . . .

APOLLON *en l'interrompant avec ironie.*
Fort bien. En ce moment

(en lui montrant Thalie.)

Melpoméne ici vous dément.

Regardez-la tout à votre aife.

C O M U S *vivement.*

Vous vous trompez , ne vous déplaife ,

Ou cette femme , affûrément,

De Melpoméne aura volé l'habillement.

A P O L L O N.

Qu'entens-je ?

H E B E' *à part.*

Le tour eft charmant.

T H A L I E *à part.*

Aurois-je fait une folie ?

A P O L L O N *en s'approchant.*

Il faut examiner la chofe mûrement.

Détournons ce mouchoir . . . Que vois-je ? C'eft *Thalie!*

T H A L I E *à part.*

Prenons la chofe noblement.

(haut.)

Prête à vous obéir.

M O M U S *en jettant fon manteau.*

Et moi, pareillement.

Sur votre Bal , Momus vous fait fon compliment.

A P O L L O N *vivement.*

Quentens-je, & qu'ai-je vû ? Dans mon ame irritée...

HEBE'.

Hé bien , quoi ? Parce que la troupe est augmentée,
Faut-il devenir furieux ?

APOLLON *plus vivemeut encore.*

Ah ! Déesse , ménagez mieux
Ma tendresse persécutée.

____

SCENE XV. & DERNIERE.

L'AMOUR , EUTERPE , APOLLON, HEBE', THALIE, MOMUS, COMUS.

O L'AMOUR *crie derrière le théatre.*
voleur ! O voleur ! Qu'on arrête ses pas.

(*en entrant, & en retenant par le bras Euterpe qui*
fuit devant lui.)

Ah je le tiens. C'est vous, Madame la Bergére ?
Oh ! Vous ne m'échapperez pas.
Vous ne vous bornez point à la simple fougére ?

APOLLON *étonné.*

Hé, quoi ! L'Amour s'en mêle aussi ?

L'AMOUR *à Apollon.*

Seigneur, vous étes juge en cette affaire-ci,
Et je vous sollicite au nom de Cithérée.

MOMUS

MOMUS *à part.*

Il gagnera fa caufe.

L'AMOUR *continuë.*

En deux mots, fans détours,
Euterpe, en fecret retirée
Chez ma mere, s'eft emparée
De toute fa toilette & de tous fes atours.
Qu'en dites-vous, Seigneur? N'eft-elle pas jolie
Avec ces mouches & ce fard?

APOLLON *à Euterpe.*

La Nature *gratis* vous avoit embellie,
Qu'allez-vous à grands frais mandier autre part?

L'AMOUR *ironiquement.*

Que voulez-vous? Chacun a fa folie;
La fienne eft de vouloir s'enlaidir' avec art.
Apprenez au furplus qu'elle a des camarades.
Ce grand jour eft fertile en belles mafcarades:
Elles forment enfemble un cortége plaifant.
La favante *Metaphyfique*
Eft en habit de Payfan.
La dolente *Elégie*, habillée en Mufique,
Furieufe en B car; Languiffante en B mol;
Soupire en C fol ut, & meurt en G ré fol.
Melpoméne fur des échaffes,
Uniffant l'emphafe aux douleurs,
Sur un ton empoulé déplore fes malheurs.

F

Tandis qu'un peu plus loin, la Molleſſe & les Graces,
Voulant aſſocier *Epicure* & *Platon*,
  Badinent ſur un nouveau ton,
  Dont elles ſeront bien-tôt laſſes.
  La *Critique* aux yeux éclairés,
  Dont la douceur & la juſteſſe,
  Par des jugemens modérés
  Aſſaiſonnés de Politeſſe,
Doit ramener au vrai les Auteurs égarés ;
La Critique, autrefois ſi tranquille & ſi ſage,
De la *Satyre* a pris l'habit & le viſage ;
Et voyant qu'à ſes traits piquans, ingénieux,
Un Vulguaire malin en riant s'accoûtume,
Elle verſe des flots de bile & d'amertume
  Sur tout ce qui bleſſe ſes yeux.
   (*à Apollon.*)
Sur le Pinde, en un mot, tout a changé de face ;
  Et ſi vous n'y tenez la main,
  Je ne répons pas que, demain,
  Le Maître même du Parnaſſe
  Soit reconnu du Genre humain.
   A P O L L O N *vivement.*
Je ſaurai prévenir une telle infortune,
  Et punir les ſéditieux,
  Dont le caprice audacieux
A guidé ſur mes pas une foule importune.

Qu'ils tremblent & leurs Partifans ;
La honte de leur deftinée
Signalera cette journée,
En commençant par ceux qui font ici préfens.
MOMUS.

Oh ! Grace, s'il vous plaît, pour Momus & Thalie.
La Mafcarade, au moins, eft nouvelle & jolie ;
En faveur de l'invention
On pardonne fouvent une indifcrétion.
APOLLON.

Non, non ; j'en veux tirer vengeance.
HEBE'.

Hé ! Vous-même, fongez à gagner les efprits.
APOLLON.

Hébé, le deffein en eft pris.
HEBE' *ironiquement.*

Vous avez befoin d'indulgence
Pour ménager l'honneur divin.
A *Delphes*, à *Délos*, vous rendez des Oracles,
Et vous n'avez pas fû prévenir les obftacles ?
On vous accufera d'être un mauvais Devin.
APOLLON.

C'en eft trop ; à Vénus il faut faire juftice.
Je veux que l'Univers furpris,
De mon Jugement retentiffe,
Et que mon Art enfin reprenne tout fon prix.

(*gravement.*)

Vû les Paſtorales écrites

Par nos amés Bergers *Virgile* & *Théocrite*,

Et ſur les plaintes de *Cypris* :

D I S O N S que la Muſe champêtre

Gardera tout le fard dont elle a fait l'eſſai,

Et ſe défera, ſans delai,

Des moutons qu'elle méne paître.

Par notre même Jugement,

Sur les plaintes de l'*Enjoûment*,

Et vû, de la même maniére

Les incomparables Ecrits

De *Plaute*, *Térence*, & *Moliére*,

Au Temple de Mémoire en lettres d'or tranſcrits,

D I S O N S que la Muſe Thalie

Qui, par ſon utile folie,

Amuſoit autrefois le Public enchanté,

De ſa place déchuë, & perdant tous ſes charmes,

Bornera ſon utilité

A faire répandre des larmes.

Condamnons tout mortel à la voir empreſſé

Aux frais de l'arrêt prononcé.

T H A L I E *vivement.*

Si j'ai pris les habits de la Muſe tragique,

Puniſſez donc auſſi le Sommeil léthargique

Qui m'a laiſſé voler ce dont j'avois beſoin.

APOLLON.

Quoi! Melpoméne a tort? Que veut-elle nous dire?

THALIE.

Oui, Seigneur, vous devez pour son manque de soin,
La condamner à faire rire.

APOLLON *après avoir rêvé.*

Soit fait; & que l'Arrêt signé de notre main,
Soit même dans Paris affiché dès demain.

(*à Hébé.*)

Déesse, nous pouvons maintenant sans obstacle
Récréer nos regards par le brillant Spectacle,
Que pour vous en ces lieux ont préparé mes soins.

HEBE'.

Volontiers, Seigneur : mais … au moins,
C'est sans tirer à conséquence.
Vous étes en amour rarement écouté,
Si ce n'est à l'extrémité,
En temps de Guerre ou de Vacance.

L'AMOUR *à Apollon.*

Voilà le prix de vos chansons;
Souvenez-vous de mes leçons.

MOMUS.

Convenons que notre parure
Forme dans cette salle un mélange charmant.
Ma foi, sous ce déguisement,
Nous pourrions entre nous danser la Découpure.

DIVERTISSEMENT.
AIR.

LE Désir de me faire lire
Ne me donna jamais d'importunes leçons ;
Mais quand le tendre Amour, pere des plus doux sons,
Pour un aimable objet veut accorder ma Lyre,
    Je m'abandonne à ton délire,
Dieu des vers ! je deviens un de tes nourriffons.
On eft fûr de voler au Temple de Mémoire,
Lorfque l'on eft guidé par l'éclat de tes yeux,
Sexe charmant ! tu peux m'en croire ;
    L'Auteur qui célébre ta gloire
Affûre à fes accords un deftin glorieux.

VAUDEVILLE.

Tout fe déguife maintenant,
La Franchife n'eft qu'en parade.
Sçavez-vous le goût dominant ?
    C'eft la mafcarade.
Quoi ! tout le monde a regretté
La perte du fiécle de Rhée
Sans qu'elle ait été reparée ?
    C'eft la vérité.

Un Tendron près d'une Maman
Attentive à la moindre œillade,
Semble n'être qu'au Rudiment;
    C'est la mascarade.
Quel feu, quelle vivacité,
Si le Galant vient à paroître !
Ce feu, quel pouvoir le fait naître ?
    C'est la vérité.

Un Gascon loin des ennemis
Se répand en rodomontade :
Par son bras tout sera soumis;
    C'est la mascarade.
Que devient sa témérité,
Si quelqu'un ose le combattre ?
Il s'enfuit, ou se laisse battre;
    C'est la vérité.

En Public, au seul nom d'Amant,
Une Prude fait la malade,
Ou se livre à l'emportement;
    C'est la mascarade.
Mais lorsqu'elle est en sûreté
Près d'un Amant qui sçait lui plaire,
Elle perd toute sa colére;
    C'est la vérité.

Chacun d'*Oreste* fortuné,
Se dit hautement le *Pilade*:
D'Amis il eſt environné ;
     C'eſt la maſcarade.
Mais, arrive l'Adverſité,
Chacun, en déſerteur infame,
Découvre le fond de ſon ame ;
     C'eſt la vérité.

L'An renouvelle-t'il ſon cours ?
Chacun ſe donne l'accolade :
On s'épuiſe en jolis diſcours ;
     C'eſt la maſcarade.
Mais ce compliment affecté
Dont on uſe pour nous ſéduire,
Nous ſçavons à quoi le réduire ;
     C'eſt la vérité.

Qu'un large mouchoir à la main,
Dans une touchante tirade,
Thalie étale ſon chagrin ;
     C'eſt la maſcarade.
Mais qu'avec un air de gaieté
Elle débite une morale
Pure, ſenſée & générale ;
     C'eſt la vérité.

Que d'un ton foible & langoureux,
Melpomene d'un amour fade
Tienne les propos doucereux ;
    C'eſt la maſcarade.
Aime-t'elle avec dignité ?
Elle captive nos ſuffrages.
Quel eſt le ſceau des bons Ouvrages ?
    C'eſt la vérité.

Oncles, régalez vos Neveux :
Ils ſableront mainte razade
En l'honneur de vos plus doux vœux ;
    C'eſt la maſcarade.
D'un Champagne peu regretté,
Ils arroſeroient votre cendre,
Si là-bas vous vouliez deſcendre ;
    C'eſt la vérité.

ARLEQUIN MOMUS.
Si vous nous quittez courroucés,
Et ſans demander la gambade,
Nous dirons, Fi, c'en eſt aſſez
    Pour la maſcarade.

Mais nous tiendrons pour arrêté,
Si vous criez, la Capriole!
Que Thalie est souvent l'Ecole
De la Vérité.

FIN.

APPROBATION.

J'AI lû par l'ordre de Monseigneur le Chancelier un Manuscrit intitulé *la Mascarade du Parnasse, Comédie en un Acte & en Vers*, & je n'y ai rien trouvé qui puisse en empescher l'impression. A Paris, ce 24. Juin 1737. *Signé*, JOLLY.

PRIVILEGE DU ROY.

LOUIS, par la grace de Dieu, Roi de France & de Navarre: A nos amés & féaux Conseillers les Gens tenans nos Cours de Parlement, Maîtres des Requestes ordinaires de notre Hôtel, Grand Conseil, Prevôt de Paris, Baillifs, Seneschaux, leurs Lieutenans Civils & autres nos Justiciers qu'il appartiendra, SALUT. Notre bien amé PIERRE PRAULT, Libraire & Imprimeur de nos Fermes & Droits à Paris, Nous ayant fait remontrer qu'il souhaiteroit faire imprimer ou imprimer, & donner au Public, *la Bibliotheque de Campagne, ou Recueil d'Avantures choisies, Nouvelles Histoires, Contes, Bons Mots & autres Pièces, tant en Prose qu'en Vers, pour servir de récréation à l'esprit, en six Volumes, le Livre des Enfans, & le Glaneur François*, s'il nous plaisoit lui accorder nos Letres de Privilege sur ce necessaires; offrant pour cet effet de les faire imprimer ou imprimer en bon papier & beaux caracteres, suivant la feüille imprimée & attachée pour modele sous le Contre-scel des Présentes. A ces causes voulant traiter favorablement ledit Exposant, Nous lui avons permis & permettons par ces Présentes, de faire imprimer ou imprimer lesdits Livres ci-dessus spécifiés, en un ou plusieurs volumes, conjointement ou séparément, & autant de fois que bon lui semblera, sur papier & caracteres conformes à ladite feuille imprimée & attachée sous notredit contre-scel; & de les vendre, faire vendre & débiter par tout notre Royaume, pendant le tems de *six* années consécutives, à compter du jour de la datte desdites Présentes. Faisons défenses à toutes sortes de Personnes de quelque qualité & condition qu'elles soient, d'en introduire d'impression étrangére dans aucun lieu de notre obéïssance; comme aussi à tous Libraires, Imprimeurs & autres, d'imprimer, faire imprimer, vendre, faire vendre, débiter, ni contrefaire lesdits Livres ci-dessus exposés, en tout, ni en partie, ni d'en faire aucuns Extraits sous quelque prétexte que ce soit d'augmentation, changement de titre, même en feuilles séparées, ni d'impression étrangére, ou autrement, sans la permission expresse & par écrit dudit Exposant ou de ceux qui auront droit de lui, à peine de confiscation des Exemplaires contrefaits, de six mille livres d'amende contre chacun des contrevenans, dont un tiers à Nous, un tiers à l'Hôtel-Dieu de Paris, l'autre tiers audit Exposant, & de tous dépens, dommages & interéts;

à la charge que ces Présentes feront enregistrées tout au long fur le Regiftre de la Communauté des Libraires & Imprimeurs de Paris, & ce dans trois mois de la datte d'icelles ; que l'impreffion defdits Livres fera faite dans notre Royaume & non ailleurs ; & que l'Impétrant fe conformera en tout aux Reglemens de la Librairie, & notamment à celui du 10 Avril 1725. Et qu'avant de les expofer en vente, les Manufcrits ou Imprimés qui auront fervi de copie à l'impreffion defdits Livres, feront remis dans le même état où les Approbations y auront été données, ès mains de notre très-cher & féal Chevalier Garde des Sceaux de France, le Sieur Chauvelin ; & qu'il en fera enfuite remis deux Exemplaires de chacun dans notre Biblio-theque publique, un dans celle de notre Château du Louvre, & un dans celle de notredit très-cher & féal Chevalier, Garde des Sceaux de France, le Sieur Chauvelin ; le tout à peine de nullité des Préfentes. Du contenu defquelles vous mandons & enjoignons de faire joüir l'Expofant ou fes ayans caufe, pleinement & paifiblement, fans fouffrir qu'il leur foit fait aucun trouble ou empêchement. Voulons que la Copie defdites Préfentes, qui fera imprimée tout au long au commencement ou à la fin defdits Livres, foit tenuë pour duëment fignifiée, & qu'aux Copies collationnées par l'un de nos amez & feaux Confeillers & Secretaires, foi foit ajoûtée comme à l'original ; Commandons au premier notre Huiffier ou Sergent de faire pour l'exécution d'icelles, tous Actes requis & néceffaires, fans demander autre permiffion, & nonobftant clameur de Haro, Charte Normande & Lettres à ce contraires : CAR tel eft notre plaifir. DONNE' à Verfail-les, le feiziéme jour du mois de Mars, l'an de grace mil fept cent trente-fix, & de notre Régne le vingtiéme. Par le Roi en fon Confeil.

Signé, SAINSON.

Regiftré fur le Regiftre IX. de la Chambre Royale & Syndicale de la Librairie & Imprimerie de Paris, N°. 116. Folio 115. conformément aux anciens Ré-glemens, confirmés par celui du 28. Fevrier 1723. A Paris ce 30 Juin 1737.

Signé, G. MARTIN, Syndic.

CATALOGUE DES LIVRES IMPRIME'S ET
qui fe vendent chez PRAULT pere, Quay de Gêvres au
Paradis, 1737.

De Monfieur NERICAULT DESTOUCHES, *de l'Académie Françoife.*

OEuvres de Théatre, nouvelle édition, revûë, corrigée
& augmentée de quatre Piéces nouvelles, in-12. trois
volumes contenant treize Piéces,   10 liv. 10 f.
De Monfieur l'Abbé SEGUY, *de l'Académie Françoife.*
Panégyriques des Saints, in-12. 2. vol. 1736.   5 liv.
Difcours & Poëfies, in12. 1736.   2 liv. 10 f.
            De Monfieur DE MARIVAUX.
Le Spectateur François, in-12. 2 vol.   5 liv.
Le Cabinet du Philofophe, fuite du Spectateur François,
in-12.   2 liv. 10 f.
La Vie deMarianne, les deux premiéres Parties in-12. 2.l. 8 f.
Le Payfan parvenu, les deux premiéres Parties, in-12. 2 l. 8 f.
Six Piéces jouées au Théatre François, in-12. 2. vol. 7. l.
Le Triomphe de l'Amour, l'Ecole des Meres, & l'heureux
Stratagême, Piéces jouées au Théatre Italien, in-12.
                                              3 liv. 10 f.
Les Avantures de Monfieur de * * * ou effets furprenans de
la Sympathie, in-12. 5 vol.   10 liv.
La Voiture embourbée, in-12.   2 liv.
Pharfamon, ou les nouvelles Folies Romanefques, in-12.
dix Parties,   6 liv.
Le Bilboquet, ou le triomphe de l'efprit, de l'amour & de
la raifon, in-12.   1 liv.
            De Monfieur DE BOISSY.
Oeuvres de Théatre contenant toutes les Piéces jouées par
les Comédiens François & Italiens, au nombre de 17.
in-8. 5 vol.   18 liv.
            De Monfieur GRESSET.
Les Epîtres à fa Mufe & au P * * * écrite de la campagne,
in-8. 1737.   1 liv. 10 f.

Les précédentes Poësies, in-12.   1 liv.
De Monsieur G * * *
Discours sur l'Harmonie, in-8, 1737.   1 liv. 10 ſ.
De Monsieur GODART DE BEAUCHAMPS.
Recherches sur les Théatres de France, in-8. trois volumes.
1737.   10 l. 10 ſ.
Funestine, Conte, in-12. 1737.   1 l. 16 ſ.
Lettres d'Eloise, & Poësies diverses, in-8. 1737. 1 l. 16 ſ.
De Monsieur LE SAGE.
Le Diable Boiteux, nouvelle édition plus belle, plus cor-
    recte, & augmentée d'un Vol. in-12. 2 vol. *fig.* 1737. 5 l.
Histoire d'Estevanille, ou le Garçon de bonne humeur, in-
    12.   2 liv. 10 ſ.
De Monsieur D'HAMILTON.
Les quatre Fleurs, Conte, in-12. 1736.   1 l. 4 ſ.
Les Anecdotes de la Cour de Childéric, in-12. 2. Parties,
    1736.   3 liv.
De Monsieur DALEGRE.
Gulistan, ou l'Empire des Roses, in-12. 2 Part. 1736. 3 l.
Histoire de Moncade, in-12. 1736.   3 l.
L'Art d'aimer, Poëme en trois Chants, in-12. 1737. 10 ſ.
De Monsieur GRANVAL.
Le Vice puni, ou Cartouche, Poëme, in-8. *figures*, 3 l. 10 ſ.
Essai sur le bon goût en Musique, in-12.   15 ſ.
De Monsieur M. DE R * * *
Aben Muslu, ou les vrais amis, Histoire Turque, in-12. 2
    Parties, 1737.   3 l.
De Monsieur DE CATALDE.
Le Paysan Gentilhomme, in-12. 2 Part. 1737.   3 l.
De Madame DURAND.
Ses Oeuvres complettes, in-12. 6. vol. 1737.   15 liv.
De Madame la Marquise DE L * * *
Histoire de Tullie, in-12.   2 liv.
Homere en arbitrage, in-12.   15 ſ.
De Madame L * * *
Histoire de Célenie, in-12.   2 l.
Vie de Job, in-8.   12 ſ.
De Madame DE GOMEZ.
Histoire d'Osman, in-12. 2 vol.   5 liv.

De Monsieur PESSELIER.

La Mascarade du Parnasse, Comédie, in-8. 1737.   1 l. 4 s.
Ode sur l'Eloquence, in-4.   8 s.
Ode sur le Reposoir du Palais Royal, in-4. 1737.   4 s.

De differens Auteurs.

Le Glaneur François, in-12. 3. vol. 1737.   9 liv.
Histoire de Demetrius Czar de Moscovie, in-12.   2 l. 10 s.
La Duchesse de Capoue, in-12.   2 liv.
Histoire & Lettres de Phalaris, in-12.   2 liv. 10 s.
Vie de Pedrille, in-12. *figures*.   2 l. 10 s.
Vie de Sixte V. in-12. 2 vol. *figures*.   5 liv.
Vie de l'Empereur Julien, in-12. 2 vol.   4 liv.
Amusemens Historiques, in-12. 2. vol.   4 liv.
Memoires de Monsieur de * * * traduits de l'Italien, in-12.
   4 Part.   5 liv.
Memoires de Milord * * * traduits de l'Anglois, in-12. 1737
   1 l. 10 s.
Tecserion, Conte, in-12. 1737.   1 l. 16 s.
Le Solitaire de Terrasson, in-12.   2 liv.
La Princesse de Paphlagonie in-12.   1 l. 10 s.
Melisthenes, ou l'illustre Persan, in-12.   2 liv.
Avantures choisies, in-12.   2 l. 10 s.
Le Napolitain, in-12.   1 liv. 5
L'Epouse infortunée, in-12.   2 liv.
La Fidélité récompensée, in-12.   1 l. 5 s.
La Diane de Montemayor, in-12. 2. vol.   4 liv.
Le Connetable de Lune, in-12.   2 liv. 10 s.
L'avare puni, in-8.   12 s.
Le grenier à Sel de l'esprit, in-12.   3 liv.
Histoire des quatre Cicerons, in-12.   2 liv.
—— Des Cherifs, in-12. 3. Part.   3 l. 12 s.
Lettre à Monsieur l'Abbé P* * sur la Tragédie d'Alzire, in-
   12.   12 s.
Lettres instructives & amusantes, in-12. 6 Part.   4 l. 10 s.
Lettre sur le préjugé à la mode, in-12.   8 s.
Le Beau Polonois, in-12.   2 liv.
Les Désespérés, in-12. 2 vol. *figures*,   4 liv.
La femme foible, in-12.   2 liv.
Argenis, in-12. 2. vol. *figures*,   5 liv.

Le Comte Roger in-12.   2 liv.
La Veuve én puiſſance de mari, in-12, 2 Part.   2 l. 16 ſ.
Oeuvres diverſes de Monſieur. L B. in-12. 1735.   3 liv.
Eloge funebre de très-illuſtre & très-enfoncé Philoſophe
    Friſeſomoron, in 12. 1737.   1 liv. 4 ſ.
Nouveau Traité du Sublime , in-12.   3. liv.
Traité de la Gloire, in-12.   2 l. 10 ſ.
Avantures de Zelim & de Damaſiné , Hiſtoire Afriquaine ,
    1737.   3 liv.
Lettres ſur la Politeſſe, 1737.   1 liv.
Apologie des Bêtes, in-8.   2 liv. 10 ſ.
Almanach en Vau-de-villes, in-16.   12 ſ.
La Sageſſe des Petites-Maiſons , in-12.   12 ſ.
Les Dieux rivaux, Poëme, in-12. 1735.   12 ſ.
Etrennes Logogriphes, in-24.   12 ſ.
Monſieur de Voltaire traité comme il le mérite, in-12. 12 ſ.
Epître à M. Rouſſeau , in-8. 1737.   8 ſ.

Piéces de Théatre.

Les Sauvages, Parodie d'Alzire, in-8. 1736.   1 liv. 4 ſ.
Les Gaulois, Parodie de Pharamond, in-8. 1736.   1 l. 4 ſ.
Achille & Deidamie , Parodie de l'Opera de ce nom in-8.
    1737.   1 l. 4 ſ.
Les Contre-temps, in-8. 1737.   1 l. 4 ſ.
Le Déguiſement , in-8. 1737.   1 l. 4 ſ.
Les ennuis du Carnaval, in-8. 1737.   1 l. 4 ſ.
Sabinus, Tragédie , in-8.   1 l. 10 ſ.
Complimens du Théatre Italien , in-8.   1 l. 4 ſ.
Le Sot toujours ſot, in-12.   1 liv.
L'Amante retrouvée , Opera Comique, in-12.   1 liv. 4 ſ.
L'Après-dîné des Dames, Comédie en 3. Actes in-12. 1 l. 4 ſ.
Le Procès des Sens, in-8.   1 l. 4 ſ.
L'Avocat Patelin , in 12.   12 ſ.
L'Opiniâtre , in-12.   1 liv.
Bibliothéque des Théatres, in-8.   3 L. 10 ſ.